書いてグングン
子どもの「強み」を伸ばす
ハートの子育て

わが子の未来をひらく
22
の
メソッド〜

はじめに

　子どもには、笑顔で幸せな人生を送ってほしいと願う親御さんは多いのではないでしょうか。

　できれば我が子の「強み」をもっと伸ばしてあげたいと望んでいる方も多いでしょう。

　でも気がつけば、「早く宿題をやっちゃいなさい」とか「忘れ物をしないようにさっさと準備しなさい」とか命令口調で注意ばかりをしてしまうのが、親なのだと思います。

　子どもが困ることがないようにと思えば思うほど、口出ししたくなってしまうのです。

　子どものやる気を高めたいと心から願っているのに、これでは真のやる気を高めることができません。

　それではどうすれば、子どもの真のやる気を高め、子どもの強みを伸ばしながら、幸せに生きていく力を育てていくことができるのでしょうか？

　そんなときこそ、この本に書いてあるメソッドを実践してほしいと思います。

　現代の子どもたちは、自己肯定感が低いといわれていま

す。子どもたちは自分のよいところを認めることができず
に、人と比べながら劣っている部分を見つけては落ち込ん
でしまうのです。自分自身の存在価値を認められずに悩ん
でいるお子さんもいます。このままの自分ではいけないと
思い込んでいるお子さんもいます。

　これはまさに負の連鎖。早くここから子どもたちを解放
してあげましょう。そのためにもまず次のようなことばを
かけてあげましょう。

　　あなたはあなたのままでいいよ。
　　そのままで素晴らしい存在なんだよ。
　　あなたのいいところは、○○というところだよ。
　　あなたにはいいところがたくさんあるよ。
　　あなたの存在が、まわりの人を幸せにしているよ。
　　あなたには十分価値があるよ。
　　いてくれてありがとう。
　　生まれてきてくれてありがとう。

　このようなことばを伝えるのは、大人である私たちの責
任です。そのうえで、子どもたちが「自分は素晴らしい存
在なのだ」と思えるように、サポートすることが大切です。

　この本では子どもの真のやる気を高め、強みを伸ばしていくことができる簡単な方法を 22 個紹介しています。

　本書が目指しているのは、お子さんが自発的に、楽しみながらグングン成長していくことをサポートすることなのです。

　子どもが未来を切り拓いていく勇気を持つことができるように、子ども自身が自分の夢をかなえていくことができるように、どんな力を引き出していくことができるのかを一緒に考えていきましょう。

　想像してみてください。自らの夢に向かって目を輝かせながら挑戦し、ひたむきに努力している子どもの姿を。

　この本で、それを現実のものにしていきましょう。

目 次

はじめに　3

第1章 弱みを直したがるのはわかるけれど　9

　　ついつい口出ししてしまう私たち　10

第2章 強みを伸ばすとどんないいことが　19

　　大切なのは強みを伸ばすこと　20

　　子どもの強みを伸ばす10カ条①〜③　28

第3章 「思い込み」から解放されると元気になれる　29

　　「〜でなければいけない」という思い込みが強す
　　ぎると　30

　　思い込みをチェックしてみよう　34

　　5つの思い込みと対処法　40

　　お子さんの性格をチェックしてみよう　46

　　お子さんの性格について理解を深める　48

　　プラスのこころメガネで見てみる　52

　　「よいところメモ」を作ってみる　56

　　子どもの強みを伸ばす10カ条④〜⑥　60

第4章 やる気を起こすこんな方法　61

「～したい」でやる気を上げる　62

「今日のいいこと」3つ書きだす　66

感謝のリストを作ってみると　70

心を元気にする問いかけって？　74

いいことにつながっていくメモ　78

朝5分の9マス日記をつけてみると　82

夢をかなえるコラージュって何？　86

子どもの強みを伸ばす10カ条⑦～⑧　90

第5章 カベにぶつかったときには　91

3つのイメージレベルを自在に切り替える　92

落ち込んだときには「3つの問いかけ」　96

悩みを解決したいとき　100

解決策が見つかるストーリーとは　104

人づきあいの悩みごとをチャンスに変える　108

子どもの強みを伸ばす10カ条⑨～⑩　112

第6章 夢をかなえる方法を試してみる　113

夢のリストを作ってみる　114

夢実現の確率があがるシート　118

　　　　未来の設計図を作ろう　122

　　　　夢にたどりつく方法はこうして見つける　126

おわりに　130

巻末付録　133

参考文献　145

第1章

弱みを直したがるのは

わかるけれど

ついつい口出ししてしまう私たち

　あなたのお子さんには直してほしいところはありますか？

　我が子の直してほしいところをいくつでもあげられるのが親なのかもしれませんね。

　朝はきちんと自分から起きて支度をして、余裕を持って家を出て学校に行ってほしいですし、忘れ物をしないように前の日のうちに準備を万全にしてほしいですよね。学校から帰ってきたら早めに宿題を終わらせてほしいですし、兄弟げんかなどせずに仲よくしてほしいと願っています。

　できれば勉強には自発的に取り組んでほしいし、授業では積極的に発言してほしいし、先生や人の話は落ち着いて聞いて正確に理解して、友だちとは仲よくして自分たちを高め合うような会話をしてほしい……。願えばきりがありません。私も親なので、その気持ちがとてもよくわかります。

　そしてそうではない現実に対して、心配や不安、不満が湧いてきて、ついつい口出ししてしまうのです。「早くやっちゃいなさい」「もっと頑張りなさい」「期待に応えるような行動をしなさい」といいたくなります。そんなときに思い

だすのは、20代の頃、幼児教室の講師をしていたときのことです。その教室には毎週600人の0歳から12歳までの子どもとその親たちが通ってきていました。

　私は子どもたちと遊びながら親御さんたちの悩みを聴いていたのです。そこであることに気がつきました。おとなしいお子さんの親は、もっと活発に動いてほしいと願っていて、活発に動き回るお子さんの親は、もっとおとなしくじっとしていてほしいと願っているのです。ないものねだりをするのが親なのだと思って親御さんたちの悩みに耳を傾けていました。

◆元気で活発なお子さんのお母さまが

　そのときに2歳の双子の男の子を連れたお母さまが体験に来られました。45分のクラスの中で、その双子ちゃんはずっと部屋中を走り回っていて、一度もクラスの活動に参加することができないまま時間は過ぎていきました。

　クラスが終わると、双子のお母さまはうつむいて、小さな声で「今日は申し訳ありませんでした」といったのです。

　私はなんとかそのお母さまが笑顔を取りもどせるように考えて、慎重にことばを選びました。

　「今日は体験に参加していただきましてありがとうござ

11

いました。2人ともとてもエネルギーが高いお子さんなので、将来は有望なスポーツ選手になりますね」と。

　すると、さっきまでうつむいていたお母さまの目がきらりと輝いて笑顔になりました。そして入会されたのです。それから私はその双子ちゃんのクラスを受け持つことになりました。

　その子たちのエネルギーが高いので、クラスの活動はなるべく動きを多く取り入れたものにしました。すると笑顔で走り回りながら徐々にクラスの活動にも参加できるようになっていきました。

　「じっと座って落ち着いて活動できないのはダメなこと」と決めつけて、お母さまにも双子ちゃんにも接していたらどうなっていたでしょうか。

　双子ちゃんはじっとしていることが苦痛になり、来るのをいやがっていたのではないでしょうか。お母さまも自分の子どもが落ち着いて参加できないことがつらく感じられたのではないでしょうか。それでは続かなかったことでしょう。そもそも入会もさせていなかったかもしれません。

◆子どものいいところを活かしたら

　できていないことや短所として認識しているところを直

したくなる気持ちはわからなくはないのですが、もっといい方法があると私は確信していました。それは、「親御さんの認識を変えること」なのです。

　この双子ちゃんとのエピソードには続きがあります。双子ちゃんと過ごしたのは彼らが2歳のときでしたが、それから16年後に双子ちゃんのお母さまが雑誌の連載で私を見つけて手紙をくださったのです。

　その手紙には、あれから2人とも野球を頑張り、なんと東京都代表の選手として2人とも甲子園（全国高等学校野球選手権大会）に出場することができたということが書かれていました。

　「あのとき加藤先生が、イスに座れずに走り回っている我が子に『こんなにエネルギーが高いなら将来は有望なスポーツ選手になりますね』といってくださったおかげで、私はそれを信じて子育てをすることができました。甲子園に出場できたのは、あのことばのおかげです。ありがとうございました」と綴られていました。

　私はうれしくて目頭が熱くなりました。自分が16年前にしたことが、こんな形で双子ちゃんの未来に影響していたと知ることができたからです。

　これは短所だと思えることも見方を変えれば長所として

活かすことができた一例です。

◆問題児のお子さんが

他にも同じようなエピソードがいくつもあります。

幼稚園では教室にいることができずに問題児として親を悩ませていたお子さんがいました。お絵描きの時間にはクレヨンの箱さえ開けたことがなく、一人で園庭の池でカメを見ているようなことを繰り返していました。先生のいうことはいっさい聞かず、変なことばかりいっているというので、親御さんは困りはてていました。

気に入らないことがあると床に頭を打ちつけるので、お母さまはもうどうしていいかわからないと泣いていたのです。

私はお母さまにこんなふうに話をしました。

「とてもユニークな発想を持っていらっしゃるお子さんなんですね。そんなにユニークなことをいうのなら、ノートに書きとめておいたらどうでしょうか。ユニークな発想が出てくるのは、今だけのことかもしれませんから、成長したときに『あなたはこんなにおもしろいことをいっていたのよ』と見せられるように、ノートに書きとめておくといいと思いますよ」と。

そしてしばらく私のクラスに通うことになりました。

その子は生き物が好きなので、私はカタツムリを見せました。カタツムリにとても興味を示していました。私は水を少量すくって、「雨ですよ〜」と数滴カタツムリにかけました。するとその子はさっそく真似してやっていました。

カタツムリを観察した後、私はカタツムリごっこをして体を動かして遊び、その後にカタツムリの絵を描いて見せました。「でんでんむしむし〜」と歌いながら楽しそうに描きました。

すると幼稚園ではクレヨンの箱を開けたこともない彼が、喜んでカタツムリを描きだしたのです。1カ月もたたないうちに、彼はどんな活動も喜んでしてくれるようになり、頭を床に打ちつけることもなくなりました。

このエピソードにも後日談があります。それから12年後、偶然この親子に再会したのです。お母さまは喜んで近況を話してくれました。今は進学校に通って勉強と剣道を頑張っていることを教えてくれました。立ち話でしたが、この親子が幸せに仲よく暮らしていることが伝わってきて、私もうれしくなりました。

これらのエピソードで共通していることは、次の5点です。

① 何ができてもできなくても素晴らしい存在として受け入れる

② 短所だと思われていることにプラスの意味を見つけて励ます

③ 子どものペースに合わせる

④ 子どものいいところをどんどん伝える

⑤ 未来の素晴らしい光景を思い描けるような会話をする

　このポイントさえおさえて接すれば、子どもは自らどんどん成長していくのです。

◆心的エネルギーを高める

　エピソードで紹介した例は幼いときのかかわり方を変えて、その結果として望ましい行動変容が起きた例ですが、このかかわり方には年齢は関係ないのです。普遍的な法則があるのです。

　人には「心のエネルギー」というものがあります。心のエネルギーは自分の弱みにフォーカスし、それを直さなければと思うと、低下するのです。誰だって、「ここがあなたのダメなところだから直しなさい」といわれたら、いやな気持ちになりますよね。

「ここがダメ」「ここはこう直しなさい」と繰り返しいわれ続けたらどうなるでしょうか。「みんなはできるのに自分はこれができないダメな存在なんだ」と思い込み、どんどん自信を失ってしまうのではないでしょうか。これが今の教育の中で自己肯定感が低くなる原因を作っているのです。

　それよりも、自分の好きなことや得意なこと、よくできることに意識を向けるようなことばをかけるのです。うれしくなってやる気が高まるのではないでしょうか。このような時間を増やせば増やすほど、楽しい時間が増えるだけではなく、自分に自信を持ち、何かに挑戦してみようと思え、できないことがあったとしても克服していこうという意欲につながっていきます。その結果として自己肯定感も高められていくのです。

◆無限の可能性を引き出す方法

　子どもには（大人にも）誰にでも無限の可能性があります。この無限の可能性の扉を開くカギは、「自分はできる」と思えるかどうかにかかっているのです。だからこそ、「自分はできる」と子ども自身が思えるようなことばがけをすることが大事なのです。

　何かうまくいかないことに出合ったときも、「自分なら乗

17

り越えられる」と思えるのか、「自分には無理」と思ってしまうのかが大きな分かれ道となります。

　子どもの頃に培った「自分はできる」という気持ちは生涯を通じて子どもの心を支え続けます。この「自分はできる」「今はできなくても自分はできるようになる」という信念を育てることができるのは、親やまわりの大人たちなのだと思います。

　本書では3章から6章まで具体的な方法を紹介していきますので、ぜひ親子で実践してほしいと思います。

　実践するポイントは、16ページで述べたこの5つなのです。

① 何ができてもできなくても素晴らしい存在として受け入れる

② 短所だと思われていることにプラスの意味を見つけて励ます

③ 子どものペースに合わせる

④ 子どものいいところをどんどん伝える

⑤ 未来の素晴らしい光景を思い描けるような会話をする

第2章

強みを伸ばすと
どんないいことが

大切なのは強みを伸ばすこと

　あなたは自分の強み（長所）をハッキリと自覚できていますか？　あなたのお子さんの強みはどうでしょうか？

　自分の強みをハッキリと自覚できている人は大人も子どもも少ないように思います。

　私は全国の学校などで子どもたちにメンタルトレーニングの講演をするときに、「あなたの強みは何ですか？」と問いかけて、３分ほど時間をとって書きだしてもらっています。

　多くの子どもたちから、「う〜ん」という声が聞こえてきて、考えに考えてようやく１つから３つぐらいを書きだしているのです。

　書きだした内容も自信を持って書いているというよりは、とりあえずこんな感じかなというようなものが書いてあります。ほとんどのお子さんは自分のよさや強みを自覚していません。

◆短所はいっぱい出てくる！？

　それに対して「あなたの弱みや改善したいところは？」

と問いかけると、今度は書くのが止まらないほどどんどん書いています。ときには「書ききれません」「きりがない」という声さえ聞こえてきます。自分の弱みや直さなければいけないところは、たくさん自覚しているのです。

　この状態では自信を持つのは難しいですよね。自分にはよいところがほとんどなくて、直さなければいけないことは山のようにあると思っているわけですから。

　そこで私はみんなにこう伝えます。

　<u>「今は自分のよいところや強みが書けていなくても、よいところを見つける目を持てば、自分のよいところは見つけられるようになります。これからは『これは自分のよいところかも』と思うことを、どんどん見つけていってくださいね。それと『自分のよいところや強みを増やしていこう』と思えば、自分の意志でよいところや強みを増やしていけるから大丈夫だよ」</u>と。

　そして、さらにこう伝えます。

　「今は弱みとして見えているところも、見方を変えれば強みとして活かすことができるから大丈夫だよ」

　そうすると子どもたちは安どの表情に変わります。

　これはこれまでの教育のあり方の結果ではないかと思うのです。「教育とは、できていないところを指摘してできる

ように促すものである」という暗黙の了解があるから、指導者や親はできていないところを伝えることが多いのではないでしょうか。

◆世間の尺度ではなく

　その結果、「できていないのだからそこを直さなければいけない」と思い込み、「できていない自分はダメなのではないか」と自信を失っている子どもが多いのです。自己肯定感の低さの原因ともなっています。

　テストの点数や順位、成績など、世間の尺度で自分を認識しては、人と比べて落ち込んでいるのです。<u>世間の尺度とは大人の都合で決めた尺度であり、その尺度に大人も子どもも苦しめられ続けています。</u>

　社会がそうであったとしても、せめて親だけは世間の尺度ではなく、絶対的無条件の愛という器で子どもを肯定してもいいのではないかと私は思っています。それは優秀なのに、能力も高いのに、心が苦しいという悩みを抱えた人をたくさん見てきたからです。

　親が子どもにしてやれる最大のことは、子どもがどのような状態であったとしても、「あなたは大切な存在で、愛されるに値する存在」なのだと伝え続けることだと思います。

◆子どもの強みの見つけ方

親子の何気ない会話の中で、「何をしているときが楽しい？」「やっていると時間がたつのも忘れてしまうことって何？」「うれしいのはどんなとき？」「感動したのはどんなとき？」「好きなことは何？」などと問いかけてみましょう。

ここで重要なポイントは、子どもからどんな返事が返ってきたとしても、否定することなく「そうなんだね」と受け入れることです。

親のジャッジが入ってしまうと、子どもは自分の本心ではなく親が喜ぶことを答えるようになってしまうからです。

「それのどんなところがうれしかったの？」「どういうところが楽しいの？」というようにさらに深掘りしていきましょう。そうするとその子にとって大切な要素が出てきます。「○○に喜んでもらえてうれしかった」「勝つのが楽しい」「どんどんレベルアップできる」「それをすること自体が楽しい」などです。

そこにその子の人生全般を生き生きとさせるエッセンスが含まれているのです。「その子にとって重要な要素を理解して、その要素を取り入れながら生活すると、人生が楽しくなっていく」と、人生を楽しく生きるための教材を開発

して世界に広めたアメリカ人マイク・マクマナス氏はいいます。

　誰かに喜んでもらうことがうれしかったのなら、誰かに喜んでもらうことがその人にとって重要な要素なのです。勝つのがうれしかったのなら、自分の能力や才能で勝負するような機会を持つと生き生きするのです。レベルアップすることが喜びなら、自分を高められることができる環境に身を置くと喜びとともに生きられるのです。

　ときどき「大人はつらそうだから大人になりたくない」という子どもがいます。<u>大人になっても自分が楽しいことやうれしいこと、好きなことをしながら生きていってもいいのだと知ることができれば</u>、子どもは将来に希望を持つことができるようになります。

◆将来のビジョンを思い描けるように

　親子の会話の中で、子どもが「こんなふうになれたら素敵だろうな〜」と思えるような会話をしてみてください。たとえば体を動かすことが好きなお子さんなら、オリンピックやスポーツの世界大会などをテレビで観ながら「こんな大きな舞台で活躍できるなんてすごいよね〜。かっこいいね〜」「行ってみたいね〜。選手としてこの場に立てたら

どんな気持ちなんだろう」というようなことをさりげなく声に出していってみるのです。

　そうすると子どもは、その舞台に自分がいる光景を思い描くでしょう。そのときに「でもそれは難しいことだよね」とか「そんなの無理だよね」と否定的なことはいっさい口にしてはいけません。ただ「こうなったら素敵だね」とだけ伝えます。

　他にもお子さんが得意な分野の大会や最高峰の試合などを画像で見せたり、実際にその会場に行って見せたりするのは効果的です。

　私の息子が４歳のとき、ある大学の学園祭に連れていきました。息子はロボット同士の対戦を飽きることなく何時間も見ていました。「ぼくもロボットを作って対戦したい」といいました。その後息子はロボットを作れる学校に入りたい一心で勉強に取り組むようになったのです。

　これはアメリカの精神科医でリアリティセラピストのウイリアム・グラッサー博士がいうところの「上質世界を明確にする」というテクニックなのです。

　上質世界とはその人にとって価値あるイメージのことを意味します。自分にとって「こうなれたら素敵」という映

像が頭の中に思い浮かぶと、その方向に向かって進んでいきたくなるのです。夢が明確になり、自発的に行動できるようになります。

　多くのオリンピック選手に、子どもの頃にテレビなどで見たオリンピック選手にあこがれてその競技をスタートしたというエピソードが多いのはそのためなのです。

　青森県に公立の中学校でありながら東大進学率が高く、オリンピック選手を数名生み出している学校があります。私は講演で訪れたときに、どうしてそのような教育ができるのかと質問をしました。

　すると先生方は「道路を隔てた向かい側に、青森県のトップクラスの高校があります。うちの生徒たちはその高校の生徒たちを身近に見ているので、この高校に入りたいと思うようになります。そしてその先に東大に進学することができるのです。オリンピック選手も卒業生にいるので、身近にオリンピック選手がいることで自分も目指したいと思うようになります」と教えてくださいました。

　一流の姿を見せると、一流を目指したくなるのです。

◆認められることばに出合ったとき

　ここまで子どもたちにどのような環境を与えることが強

みを増やすことにつながるのかをお伝えしてきました。子どもたちの強みを伸ばすことには実際にどんないいことがあるのでしょうか？

アメリカの心理学者、エリック・バーン博士のことばに「人は誰でも王子様、お姫様として生まれてくる。けれども育つ過程のなかで魔法使いにカエルに変えられてしまう。本物のストロークに出合ったときに、元の王子様お姫様にもどることができる」ということばがあります。

このことばの意味は、人は誰でも本来は素晴らしい存在として生まれてくるのだけれど、誰かに「遅い、できない、汚い」などといわれて、ダメな存在なのだと信じ込まされてしまっている。けれども本当に認められることば（＝ストローク）に出合ったとき、元の素晴らしい存在にもどることができるということなのです。

あなたもあなたのお子さんも本当はもっともっと素晴らしい存在で、ダイヤの原石のような存在だということに気がついてもいいのです。そして自分自身でその自分というダイヤを磨いていけるようにサポートすることができるのが親なのです。

子どもの強みを伸ばす10カ条①〜③

① 子どもの無限の可能性を信じきる

子どもが「自分はできる」と信じられるよう

なことばを使う

② 子どもが自らチャレンジできる場を与える

「失敗したとしても大丈夫」という気持ちで

見守る

③ 親はでしゃばりすぎないように見守り、子ど

もにまかせる

第3章

「思い込み」から解放されると

元気になれる

「〜でなければいけない」 という思い込みが強すぎると

　学校生活や毎日の生活では、誰にでも悩むようなできごとが起こるものです。同じようなことが起こってもケロッとしている子どももいれば、悩みから不安がどんどん大きくなってしまうお子さんもいます。

　この違いは何が原因なのでしょうか。

◆テストで80点をとっても

　深刻に悩むか悩まないか、この違いは、「こうでなければいけない」という思い込みの度合いによって起こります。この思い込みが強ければ強いほど、「そうならなかったらどうしよう」という悩みになるのです。

　例をあげてみましょう。「クラスで絶対に1番の成績をとらなくては」と思っていて、結果が5番だったら悩むことになります。

　「テストで100点をとらなくてはいけない」と思っていたら、80点では悩むことになるのです。

　成績がクラスで5番目でも喜ぶ人もいれば、テストで80点をとって喜ぶ人もいます。自分の中の「こうでなけ

れればいけないというレベルの高さ」が悩みの原因となっているのです。

◆大きな影響を与える5つの思い込み

　このような悩みの原因を作りだしているのが「〜でなければならない」という5種類の思い込みです。

　①完ぺきでなければならない

　②強くあらねばならない

　③努力し続けなくてはいけない

　④喜ばせなくてはいけない

　⑤急がなければいけない

心理学の交流分析という分野では、この5つの思い込みを「ドライバー」とよんでいます。

　このドライバーが、頭の中で「駆り立てる声」となって、お子さんの感じ方や考え方、反応の仕方、行動や結果にまで大きな影響を与えているのです。

◆親や先生にいわれ続けて

　「早くしなさい」「ちゃんとしなさい」「いつまでも泣いていたらダメ。もっと強くなりなさい」「頑張りなさい」……子どもたちは親や先生にこのようなことばをいわれ続けて育ちます。

　これらのことばを子どもたちは、親や先生のいうように「そうしなければならない」と受け取ります。それが心の中に定着しドライバー（思い込み）となっているのです。

　このドライバーの強さのレベルによって、悩んだり、それほど悩まなかったりするのです。

　あなたやお子さんが、どの思い込みが強いかを調べることで、悩みや不安に対処することができます。

　次の節でチェックリストを用意しましたので、やってみましょう。

思い込みをチェックしてみよう

　次の文章を読んで、あなたとお子さんのふだんの行動に当てはまるものを３点、まあまあ当てはまるものを２点、少し当てはまるものを１点、まったく当てはまらないものを０点として、その点数を①〜⑤のグループごとに合計します。その合計点数を 38 ページの表に入れてみましょう。

①　完ぺきでなければならない

1. どんなことでもできる限りよい結果を出したい

2. 整理整頓が好きで、ほこりやごみがあると気になってしかたない

3. 「こうすればよかった」「こういえばよかった」と後悔することが多い

4. 誰かの言動を批判したくなる

5. 何をしても準備が足りないのではないかと不安になる

6. 話しているとき、相手に伝わっているか不安で繰り返したり、理解してもらっているか何度も確認したりする

7. 新しいことを始めるとき、いろいろと情報を集めた
くなる

①の合計_____点

②　強くあらねばならない

1. 人は強く生きていかなければいけないと思う
2. 頼みごとをするのは苦手なほう
3. 腕組みをしたり、イスに座るときに足を組んだりす
ることが多い
4. どんなにつらくても助けを求めず、頑張らなくては
いけないと思う
5. 弱音をはいている人を見るとイライラする
6. 話をするときはできるだけ「うれしい」「悲しい」
などの感情表現を避けている
7. 自分の弱いところを見せてはいけないと思う

②の合計_____点

③　努力し続けなくてはいけない

1. 自分を高めるために一生懸命取り組むことが好き
2. 休んでいると怠けているような気がして、ゆっくり
休めない

3. 毎日予定をたくさん詰め込んでいる

4. 何かをやりとげるときには精一杯努力をしなくては
いけないと思う

5. いくら努力をしても、もっと頑張らなくてはいけな
い気がする

6. 「頑張ってみます」「できる限りやってみます」と
いうことが多い

7. 部屋や机の上をきれいにする暇がない

③の合計＿＿＿点

④　喜ばせなくてはいけない

1. 人の話を聞くときはうなずきながら聞くことが多い

2. 何かを頼まれるとNOといいにくい

3. 喜んでもらえると思ってしたことに、期待した反応
が返ってこないとがっかりしてしまう

4. 自分のしたいことよりも、相手のしたいことを優先
して自分はがまんすることが多い

5. 自分がしたことに対して相手の反応が気になる

6. つい相手の機嫌をとってしまう

7. 人を怒らせてはいけないと思う

④の合計＿＿＿点

⑤　急がなければいけない

1. なんでも早いにこしたことはないと思う
2. 「時間が足りない」「時間に追われている」と感じることが多い
3. ゆっくり歩くことが苦手で、いつも速足で歩いている
4. 会話中、人の話をさえぎって話したくなる
5. 他人がモタモタしているとイライラする
6. 食べるのが早い
7. じっくり考えるより、すぐに行動に移したくなる

⑤の合計＿＿＿点

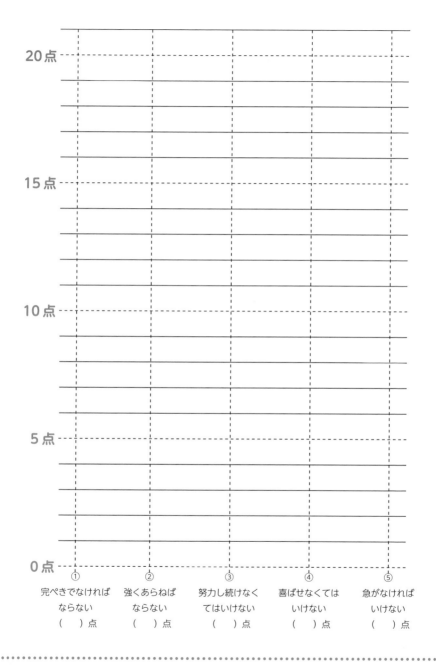

	①	②	③	④	⑤
20点					
15点					
10点					
5点					
0点	完ぺきでなければ ならない （　）点	強くあらねば ならない （　）点	努力し続けなく てはいけない （　）点	喜ばせなくては いけない （　）点	急がなければ いけない （　）点

①～⑤の質問に対する各答えの合計点数を左の表の点数
の位置に丸をつけ、0点からその丸まで太い線を引いて棒
グラフにします。棒の高さが高い部分が強い思い込みです。

5つの思い込みと対処法

　34 〜 37 ページのチェックリストで、①から⑤の各項目の合計点が 13 点以上の場合は、該当する思い込みが強いといえます。ご自身やお子さんが日頃抱いている「〜しなければならない」という思い込みの傾向を知り、どうすればよいかを見ていきましょう。

【完ぺきでなければならない】

　完ぺきな出来栄えを目指したい (させたい) 衝動が強くあります。もっと上を目指さなければいけないという向上心があります。理想とするレベルが高いため現状に満足できません。できなかった部分が気になって、後悔することが多いです。

　対処法 思うようにできないことがストレスになっているときは、心が楽になるようなことばをかけて、思い込みの心と折り合いをつけていきましょう。

　例 「完ぺきを目指すことも大事なことだけれど、できなかったとしても大丈夫だよ」「完ぺきにできなかった部分は、これからの伸びしろ。これから成長していけるという

ことだよ」

【強くあらねばならない】

　常に強い自分でいなければいけないと思い込んでいます。
弱みを見せたり弱音をはいたりすることができません。感
情を表現することや助けを求めることが苦手で、弱音をは
いている人を見るとイライラします。

　対処法　ずっと強がっていると自分の受け入れられる量
を超えてしまい、苦しくなることがあります。次のような
ことばをかけていきましょう。

例 「よく今まで頑張ってきたよね。頑張りすぎなくても大丈夫だよ」「できないことがあったら助けを求めてもいいんだよ」「ときには助けを求めることは悪いことではないよ。助けを求められたらうれしい人もいるんだから」

【努力し続けなくてはいけない】

　努力することこそ大切だと思い込んでいるため、常に努力していないと気がすみません。休むことはいけないような気がしています。何かをやりとげるのに楽な方法があってもあえて大変な道を選びます。歯を食いしばってやり通さなければいけないと思って、楽しんでいいときも楽しめません。常に体に力が入っています。

　対処法 休んだり努力できなかったりすることをストレスに感じます。心に折り合いをつけることばをかけていきましょう。

　例 「努力することは大切なことだけど、体調を整えるために身体を休めることも大事なことだから、ゆっくり休む自分を許してもいいんだよ。楽しみながら取り組んでいいし、楽な方法を選んでもいいよ。すぐにやりとげなくてもいいんだよ」とことばをかけながら、休むことを許せるようにしてあげましょう。

【喜ばせなくてはいけない】

　相手に喜んでほしいという気持ちが強くあるため、喜んでもらえなかったときにがっかりします。何かを頼まれたときに、いやな場合であっても断ることがなかなかできません。誰かが不機嫌で怒っていると、自分のせいだと思い込んで苦しくなります。

　対処法 思うような反応が返ってこなくてストレスを感じるときは、次のようなことばをかけていきましょう。

　例 「相手に喜んでもらえたらうれしいけど、反応がイマイチでもそれはそれで大丈夫」「相手にも事情があるのだ

から、すべて自分のせいにしなくてもいいんだよ」「相手が不機嫌なことを自分のせいだと思わなくていいよ。感じ方は人それぞれだから」

【急がなければいけない】

いつも時間に追われているような気がして急がなければいけないと感じています。約束の時間に間に合わないと「どうしよう」という焦りの気持ちが大きくなります。誰かがゆっくり動いているとイライラするときがあります。

対処法 焦ったり遅れたりすることへの自己嫌悪を感じるときは、心を楽にする次のようなことばをかけていきましょう。

例 「急ぐことで時間を大切にするのは大事なことだけど、あわてずに慎重に動くことも大事」「自分のペースで動く自分や相手を許してあげてもいいんだよ」

　交流分析という心理学の分野では、誰でも５つの部分が
あり、どの部分が強く出ているのかによって、その人の傾
向や性格が左右されると考えました。

　お子さんの性格を次の説明にそって、あなたといっしょ
にチェックしてみましょう。

　右の表のすべての質問に「はい」「どちらともいえない」
「いいえ」で答え、点数を計算します（オレンジのマスの
部分）。深く考えずにできるだけ直感で答えます。

　「はい（だいたいそうだ）」＝２点

　「どちらともいえない」＝１点

　「いいえ」＝０点

　として、答え終わったら①〜⑤をそれぞれ縦にオレンジ
のマスの点数を合計します。

質問内容	①	②	③	④	⑤
計画性がある			■		
話し方がやさしくていねいである		■			
責任感が強い	■				
「わぁー」「すごい」などのことばを多く使う				■	
性格や意見が違う人とも協力し合える					■
理想を求めたくなる	■				
人の話はうなずきながら聞く		■			
人目や人がどう思っているかが気になる					■
思ったことがいえない					■
世話好きである		■			
良いか悪いかを判断しないと気がすまない	■				
わがままだといわれる				■	
好奇心旺盛				■	
話し合いではその場の状況を見ながら発言する			■		
「こうすべき」ということばをよく使う	■				
どうしたら効率よくできるか考えている			■		
むだづかいはしない			■		
きびしくいった方がいいと思う	■				
相手の気持ちにこたえたい		■			
感情的にならずに冷静に話すことができる			■		
自分が悪くなくても「ごめんなさい」と謝る					■
「大丈夫?」「頑張って」ということばを多く使う		■			
おもしろいことをいってその場を和ませるのが好き				■	
感情がそのまま出る				■	
なげやりな態度をとる					■
合　　計					

お子さんの性格について理解を深める

　前ページのチェックリストで集計した各点数を、右の表に丸をつけます。それを線でつないで折れ線グラフにしてみましょう。

　一番高くなっている部分が、お子さんの性格に一番強く表れている部分です。どんな部分が強く表れているでしょうか。

　右ページの表では、①＝きびしい部分、②＝やさしい部分、③＝冷静な部分、④＝自由な部分、⑤＝素直な部分です。

　それぞれにプラスの面とマイナスの面があります。プラスの面は強み（長所）となり、マイナスの面は、弱み（短所）となります。

　お子さんの性格の傾向でプラスの面とマイナスの面を50ページの表に示しました。

　この表を見て、お子さんの性格の傾向について理解を深めていきましょう。

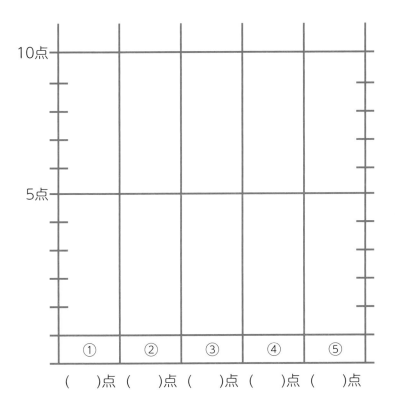

	プラスの面		マイナスの面
⊕自分の考えをはっきりと主張することができる。 ⊕礼儀正しく、規則やルールをしっかりと守ることができる。		きびしい部分	⊖「こうあるべき」という自分の基準に合っていない他人の行動が許せない。 ⊖白黒はっきりさせたい。 ⊖偏見を持ったり、支配的になったりすることもある。
⊕愛情深く人への気づかいができる。 ⊕困っている人がいたら声をかけて力になろうとする。 ⊕相手に喜んでもらいたいという気持ちがある。		やさしい部分	⊖おせっかい。 ⊖ときには心配して世話を焼きすぎてしまうこともある。
⊕ものごとに対して冷静に観察し情報を集め、分析して判断できる。 ⊕どうすることが適切かを考えながら話し、行動する。		冷静な部分	⊖冷静すぎて冷たい人だと見えてしまうことがある。
⊕明るく、思ったことをストレートにいえる。 ⊕思いついたらすぐに行動に移す。 ⊕カラフルな色やユニークな物を好み、活動的。		自由な部分	⊖わがままで、思い立ったら何でもやってしまうと思われるときもある。
⊕自分と違った意見や考えを持った人と協力できる。 ⊕いわれたことには素直に取り組む。 ⊕相手の気持ちにそうように行動できる。 ⊕場の空気を読む力がある。		素直な部分	⊖人がどう思っているかが気になり、くよくよする。 ⊖自分の意見をいえなかったり、いった後で後悔して自分を責めたりする。

プラスのこころメガネで見てみる

　お子さんの性格で困ったなと思うところや、直してほしいな〜と思うことは多くの親御さんにあるのではないでしょうか。小言をいったり、無理に直そうとしたりすると親子関係がぎくしゃくしてしまうことがあります。そんなときには「プラスのこころメガネ」をかけて、お子さんを見ていきましょう。

◆どんな風に見える？

　自分にとっていやなものに見えることも、うれしいことに見える——そんな「プラスのこころメガネ」があったら、あなたのお子さんはどんなふうに見えるのかを考えてみましょう。

　お子さんは学校に行く準備が遅いとします。あなたは「いつも遅いんだから」と思うかもしれません。

　ちょっとしたことでキレるお子さんなら、あなたは「怒りっぽいから困ったな」と思うかもしれません。

◆苦手意識をへらす

では、プラスのこころメガネをかけていることをイメージしてお子さんを見てみましょう。

「行動が遅いな」と思ってしまうお子さんは、プラスのこころメガネではどう見えるでしょうか？ 「落ち着いている」「慎重に動いている」「ていねい」と見えませんか。

「怒りっぽい」はプラスのこころメガネなら、「正義感が強い」「エネルギーが高い」「一生懸命に向き合っている」と見ることもできます。

このようにプラスの側面から見ることで、お子さんの短所や弱みを長所や強みに変えて伸ばすことができるようになります。

お子さんといっしょに、プラスのこころメガネをかけたとイメージして右ページのような表に書いてみましょう。

またお子さんがお友だちのいやだな、困ったなと思うところがあるとしたら、お子さんに同じように書かせてみましょう。プラスのこころメガネで見ることで友だち関係も良好に築いていけるきっかけになります。

プラスのこころメガネで見るメモ

　こんなところがいやだなと思うところを左の欄「短所」に書きだし、プラスのこころメガネで見るとどのように見えるかを右の欄にそれぞれ３つ書いてみましょう。

短所	プラスのこころメガネで見ると
短気である	・ 自分の理想をしっかり持っている ・ 正義感が強い ・ エネルギーが高い
せっかち	・ テキパキやる ・ 早目に終わらせることができる ・ たくさんのことができる

巻末付録134ページをご利用ください。

「よいところメモ」を作ってみる

　友だちづきあいがうまくいかなかったり、クラスメイトと仲たがいをしてしまったりすることはよくあることです。そんなとき「自分がこんな性格だから……」「あの子があんな性格だから」とお子さんは自分や相手を責めてはいませんか？

◆「よいところメモ」を作ろう！

　お子さんの性格を長所として活かすには、お子さんの性質を理解することが大切です。50ページで説明した、プラスの面を見てあげましょう。そしてプラスの面をお子さんが意識できるよう声をかけてあげると、お子さんは友だちづきあいをうまくできるようになるでしょう。

　お子さんの性質で強く出ている部分を長所として活かせる「よいところメモ」をお子さんといっしょに作ってみましょう。

　46〜49ページでチェックしてみて、お子さんはやさしい部分が高めであるとします。メモの左側に、プラスの面を書きだしてみましょう。思いやりがある、やさしいこ

とばをかけられる、笑顔で話を聞く、励ます、相手が喜ぶことばを見つけるなど思いつくままに。

　右側には、お子さんが自分の注意すべき点のマイナス面を書きだします。「おせっかいになりやすい」などです。

プラスの面とマイナスの面をときどき見返すことで、お子さんは自分の長所を意識でき、友だちづきあいにも活かすことができるようになります。

◆友だちと気まずい関係になってしまったら

　友だちとささいなことで口げんかになり、それから口をきかなくなってしまった……。何とかしたいけどどうしたらいいかわからない。そんなときにも「よいところメモ」を活用することができます。

　お子さんといっしょに「友だち用よいところメモ」を作って、友だちの性格の長所を書きだしてみるのです。

　書き方は同じです。左側には友だちのプラスの面を、右側にはマイナスの面を書きだします。

　マイナスの側面を見ればどんどんいやになってくるので、書きだしたマイナス面は、つきあうときに注意するためであることをお子さんに伝えましょう。

　そして書きだした友だちのプラスの側面を意識しながら、プラスの面をことばにして友だちをほめるようにすると、険悪になった関係も修復できることを伝えましょう。

よいところメモ

よいところ	注意するところ
・思いやりがある ・やさしいことばがかけられる ・困っている友だちを手助けできる ・動物にやさしい	・おせっかいになりやすい

巻末付録135ページをご利用ください。

子どもの強みを伸ばす10カ条④〜⑥

④ 子どもの話を「良い悪い」でジャッジせず「そうなんだね」とそのまま受けとる

⑤ ×はつけない。できたことだけ「よかったね」と喜ぶ

⑥ 親が感情的にならず穏やかでいるように気をつける

第4章

やる気を起こすこんな方法

「〜したい」でやる気を上げる

　あなたもお子さんも、「あれもしなくては」「これもやらなければ」と、やるべきことが多くて、そのことに追われすぎていませんか？「〜すべき」「しなくては」ということが多過ぎると脳と心が疲れてしまいます。その結果、やる気が起こらなくなることもあります。

◆やることがいっぱいあって

　お子さんは、学校の勉強、宿題、部活、塾や習いごとなど毎日の生活の中にやることがたくさんあります。あなたも家のことや仕事、子育てなどやることが本当にたくさん。自分のキャパを超えているように感じることもあるでしょう。ストレスを感じて疲れてしまうこともあります。

　そんなときにできることは「ことばを変える」ことです。

　たとえば「これだけやらなければならない」と考えたら苦しさを感じますが、「これぐらいやりたい」「これだけやれたらいいな」とことばを変えるだけでも、心の苦しさをへらすことができるのです。

　「〜しなければならない」(英語で should) ではなく「〜

したい」(英語で want) とことばを意識的に変えてみることで心が楽になり、やる気も出てくるのです。

◆腕をふる実験では

「〜しなければならない」と「〜したい」の違いは、腕をふる実験で確かめることができます。

まず「ふりたくないのにふらなくてはいけないから腕をふる」という気持ちで腕をふってみましょう。

どうでしょうか？　腕は重く感じ、ふり幅も小さくなります。顔の表情も眉間にしわが寄り、肩のあたりがきゅうくつに感じます。

次に、「ふりたいからふる」という気持ちで腕をふってみ

ましょう。

　どんな変化を感じますか？　同じ腕のふりなのに、腕の重さは軽くなり、ふり幅も大きくなります。表情も明るくにこやかになって、肩のあたりもきゅうくつではありません。お子さんといっしょにやって確かめてみましょう。

　この実験のように、腕のふりを毎日の生活であらゆるものに置きかえて考えることができます。たとえばあなたは、家事や仕事をどちらの気持ちでやっているでしょうか？お子さんの学校の勉強や習いごとなどはどうでしょうか。

　腕のふりの実験で気持ちを切り替えられたように、ことばを変えるだけで気持ちを軽くすることもできます。

　お子さんといっしょに、「〜したい」ということばを意識しながら毎日の生活の中で使ってみましょう。

「今日のいいこと」３つ書きだす

　朝起きてから寝るまでの間に起こったできごとで、いいと思えたことは何でしょうか。それはいくつありましたか？　お子さんといっしょに、まずは３つ見つけて紙に書きだしてみましょう。「いいことなんか１つもなかった」と思わずに、小さなことでも毎日書くことを続けると、その日のよかったことを見つけることができるようになっていきます。

◆身近に起こった小さなことでも

　１日をふりかえって、いいことを思いだそうとしても、なかなか見つからないかもしれません。とってもいいことはそうそう起きないかもしれないので、身近に起こった小さないいことを思いだしてノートや紙に書きだします。
　たとえばこんなことです。
・朝、時間通り起きることができた
・朝ごはんがおいしかった
・晴れていて気持ちがよかった

「いいこと」に意識を向けてみる

　ここで大切なことが２つあります。まず、小さなこと、ささいなことを「いいこと」だと認識できるかどうかです。

　次に大切なことは、毎日の生活の中で「いいと思うこと」に意識が向いているかどうかです。

　人は「いいと思うこと」に意識が向いているか、「いやだな、よくないなと思うこと」に意識が向くかによって大きく気分が変わります。

　ですから、いいことに意識が向くようになると、気持ちが明るくなり、気分がよくなるのです。

　いいことを見つけて書きだす練習を１週間も続けると、いいことを見つける脳の神経細胞が強化され、よかったことに意識が向いて気分が晴ればれとし、元気も出てきます。

　寝る前に、お子さんといっしょに、「今日のいいこと」３つをノートに書きとめることを習慣にしてみませんか。

今日のいいこと　（1月16日）
天気がよくて気持ちよかった
朝ごはんがおいしく食べられた
忘れ物をしなかった

今日のいいこと　（　月　　日）

今日のいいこと　（　月　　日）

今日のいいこと　（　月　　日）

巻末付録136ページをご利用ください。

感謝のリストを作ってみると

　大人なら仕事でミスをしたり、子どもなら学校で口げんかをしたりと、毎日の生活で気分が落ち込むことはときどきあります。いつまでも暗い気持ちから抜けだせないと毎日の生活がいやになります。そんなとき、すぐに気持ちを切り替える方法があるのです。

◆身近に起こった小さなことでも

　生まれてから今までの人生をふりかえって、感謝したいことは何があるのかを見つけてみましょう。どんなささいなことでもかまわないので、誰にどんな感謝をしたいのか、見つけたら箇条書きでいいので書きだしていきます。自分だけの感謝のリストができます。

　感謝のリストを書いているとき、どんな気分になりますか？　とても気分がいいことに気づくでしょう。

　感謝していることを思いだしていると、感謝の気持ちがよみがえってきます。私たちの脳は、感謝しながら同時にいやな気持ちになることはできませんから、幸せで明るい気持ちに切り替えたいときには、感謝していることを思い

感謝…

だせばいいのです。

　あらかじめ感謝のリストを作っておけば、気持ちを切り替えたいときにそのリストを見たり、リストに書いたことを思い出すだけで、心が元気になります。

　以上のことを頭に入れて、お子さんと一緒に感謝のリストを作ってみましょう。

◆感謝を見つける練習をしてみる

　30 ～ 32 ページで説明したように、私たちは、「こうあるべき」という考え方にとらわれてしまうときがあります。「家事は完ぺきにすべき」「仕事では全力をつくすべき」、お子さんなら「勉強は〇時間するべき」「友だちとは仲よくすべき」などです。

　「～であるべき」という考え方では、そうでなかったと感じるときに、自分はダメだと思ってしまいます。その考え方から抜けだすと、当たり前だと思っていることさえ、本当は感謝するに値することだとわかってきます。

　たとえば今日の天気が雨だとしても、植物にとっては恵みの雨だ、と感謝できるように感謝の感度を磨いていきましょう。感謝を見つければ見つけるほど、気持ちの切り替えが早くなります。

感謝のリスト
試合中にミスをしたのに、みんながカバーしてくれた
待ち合わせ時間に遅れたのに、やさしいことばをかけてくれた
下校中雨が降ってきたとき友だちが傘に入れてくれた

巻末付録137ページをご利用ください。

心を元気にする問いかけって？

　ときにはつらいことや悩むこともあると思います。悩みごとをそのままにしておくと心の元気がどんどんなくなるものです。またなんとかしなければと焦れば焦るほど、心の元気がなくなってしまいます。そこで役立つのが「問いかけ」なのです。

◆前向きになる問いかけで

　じつは問いかけにはすごいパワーがあります。私たちは問いかけられると無意識に脳が答えを見つけようとします。そのことを利用してパワーをつける問いかけをご自身やお子さんに投げかけてみましょう。

　大切なのは前向きになる、うまくいくという前提の問いかけをすることです。

　たとえば「どうすればうまくいく？」という問いかけには「うまくいく方法はある」「うまくいく方法は必ず見つかる」という前向きな前提が含まれているのです。

74

逆に「どうしてできないの？」という問いかけはしない
ようにしましょう。この問いかけには「できない理由があ
る」「失敗する理由があった」というマイナスの前提が含ま
れているからです。

◆困ったときにノートを開いて

- どうすれば乗り越えられるか？
- 今できることは何だろう？
- 本当に望んでいるのはどんなことだろう？

という前向きな答えが出る問いかけをノートに書きとめ
ておきましょう。

　困ったことやつらいこと、悩みごとが起こったときに、
ノートを開いて答えを考えるようにしてみましょう。する
と前向きな解決策を探そうと脳が働き出し、心がパワーア
ップするのです。

　この問いかけは子どもだけでなく、大人の悩み解決にも
効果があります。お子さんといっしょにやってみましょう。

心を元気にする問いかけ
どうすれば乗り越えられるか？
今できることは何だろう？
本当に望んでいるのはどんなことだろう？

巻末付録138ページをご利用ください。

いいことにつながっていくメモ

　子どもの頃、何かをやりとげるには、「やる気が大事」と
いわれたことがあると思います。何事もやる気が大切なの
ですが、やる気は低下することもあります。やる気を出さ
なければならないのに出ない……。そんなときどうすれば
いいでしょうか。じつは簡単な方法で、やる気と元気を高
める方法があるのです。

◆やる気を高める方法

　やる気は常に一定ではありません。あなたやお子さんが
目標や夢を持って何かに取り組んでいるのに、やる気がな
くなってしまったら、夢が遠のいてしまうでしょう。これ
までの努力が無駄になってしまっては大変です。

　そんなとき、次の①から③の質問を読み上げ、思いつく
答えを書きとめていきましょう。

① 夢や目標の実現に取り組むと、自分やまわりの人にと
　ってどんないいことにつながっていくか？

② 夢や目標実現のために努力をすると、自分やまわりの
　人にとってどんないいことにつながっていくか？

③ 夢や目標が実現すると、自分やまわりの人にとってどんないいことにつながっていくか？

◆自分のためだけではない

　人は自分のためだけに頑張ると長続きしないものです。自分が頑張ることによってまわりの人のどのようないいことにつながっているのかを自覚できたとき、やることの価値が高まりやる気が増すのです。次に4つ目の質問です。

④ この夢や目標を実現するために、できることは何か？

　答えが出てきたら「他には？」と質問し、できることをどんどん見つけて書きとめていきましょう。夢や目標実現に向けて何をすればいいか、具体的な行動が見つかると、やる気はさらに高まっていきます。お子さんが答えやすいように問いかけながら「いいね」「それもいいね」といいながら、どんどんできることを見つけていきましょう。

　具体的なことが見つけられたら「いつやる？」と聞いてどのタイミングで行動に移すかを決めていきましょう。

いいことにつながっていくメモ
① 夢や目標の実現に取り組むと、自分やまわりの人にとってどんないいことにつながっていくか？
→毎日がワクワクする →元気が出てくる
② 夢や目標実現のために努力をすると、自分やまわりの人にとってどんないいことにつながっていくか？
→新しい知識が増える →仲間が増える
③ 夢や目標が実現すると、自分やまわりの人にとってどんないいことにつながっていくか？
→世の中を明るくできる！
④ この夢や目標を実現するために、できることは何か？

巻末付録139ページをご利用ください。

第4章

やる気を起こすこんな方法

朝5分の9マス日記をつけてみると

　学校の授業の他に、部活や塾などやることがたくさんあって忙しい毎日。お子さんがやりたいことの目的や意義を見失い、やる気を失ってしまうこともあるでしょう。そんなとき、効くのが「朝5分の9マス日記」。簡単な質問に答えるだけで、やる気が起こり前に進めるのです。

◆1日の過ごし方が変わる

　行動習慣・研究所所長の佐藤伝さんが考案された「9マス日記」があります。これは毎朝質問に答えながら書きこむだけで、元気に過ごせる日記です。

　これを夢実現に向けての9マス日記にアレンジしてみました。

　「夢の実現のために今日、何をする?」

　「健康のために今日、何をする?」

　「友だちとの関係をよくするために今日、何をする?」

　「今日、やりたいことは?」

　これらの質問を自分に問いかけたら、どのような答えがうかんでくるでしょうか?

自分自身に問いかけると、大切なことを思いだすことができます。朝のうちに問いかけると、大切なことを意識しながら充実した1日を過ごすことができます。

　何もしないまま1日を過ごすのと、朝のうちに9マスの問いかけに答えて大切なことを意識するのでは、その日1日の過ごし方も充実感もまったく違うものになります。

◆9つの質問に答える

　毎朝5分、右ページの例を参考に、マスの中に答えを書き入れてみましょう。

　マスを全部うめなくても大丈夫です。マスをうめようと意識するだけでも、頭の中でどのように過ごそうかと考えだし、充実した1日を送ろうとするようになります。

　うまく書けなくても、マスがうまらなくても大丈夫です。まずは1週間、親子で続けてみましょう。しだいにお子さん自身で答えをマスに書けるようになります。

　続けることで、毎日の充実感、達成感が高まり、目標や夢に向かって進む力がグンと湧いてくるでしょう。

9マス日記

実現したいことは？	夢の実現のために 今日、何をする？	今日、やりたいことは？ 観たいテレビが あるから宿題を早 くすませる
健康のために今日、 何をする？ スクワット３０回	年　月　日（　　） 天気：	友だちとの関係を よくするために 今日、何をする？ 自分から「おはよ う」と声をかける
今日のよかったこと	今日の気づきや学びは？	明日への課題は？

巻末付録140ページをご利用ください。

夢をかなえるコラージュって何？

　夢や目標の実現に向けてやる気をアップさせ、元気に進める方法はあるでしょうか。夢や目標を「見える形」にしてみるとワクワクしながら夢に向かうことができます。ハサミやノリなど身近にあるもので楽しく、手軽にできるのでお子さんといっしょにやってみましょう。

◆夢をかなえるコラージュの作り方

　「見える形」にするには「コラージュ（はり絵）」を作ると効果的です。お子さんの夢ややりたいことをイメージできる写真やイラストを、台紙に貼り、「夢のコラージュ」を作るのです。

　それではいっしょに作っていきましょう。

① **台紙を用意する**

　画用紙でもカレンダーの裏紙でもかまいません。

② **貼りたい素材を用意する**

　雑誌やカタログ、インターネットからプリントアウトしたものなど、行きたい場所、あこがれている職業、やりたいことなどの写真やイラストなどを切り

ぬいておきます。

◆いつも見える場所に

③ **②の素材を並べる**

台紙の上にレイアウトして置いてみます。まだノリ
付けはしません。

④ **貼っていく**

レイアウトが決まったらノリで貼っていきます。

⑤ **ことばを書きこむ**

「やったー」「おめでとう！」「よく頑張ったね」な
ど夢がかなったときに自分自身が叫びたいことばや
目標が達成できたときにいわれたいことばを書きこ
みます。台紙に直接書いてもいいですし、ことばを
書いた紙を貼っていくのもいいでしょう。

⑥ **ながめてみる**

完成した夢のコラージュをお子さんといっしょにな
がめてみましょう。お子さんはどのように感じてい
るでしょうか？

⑦ **どこに飾るのかを決める**

お子さんが毎日見ることができる場所に飾ることが
大事です。寝る前や目覚めたときに見える場所など
が効果的です。

　毎日コラージュを通して実現したい未来を何回も見てい
ると、夢が実現する可能性が高まるといわれています。夢
は進化するものなので、コラージュは何回貼りかえても作
りかえてもいいのです。
　見ているだけでときめき、やる気スイッチが入り、夢実
現の可能性が高まる夢のコラージュを試してみませんか？

子どもの強みを伸ばす10カ条⑦〜⑧

⑦ 「〜すべき(should)」より

　 「〜したい(want)」を引き出す

⑧ 子どもがうれしくなることばがけをする「やるね〜」「カッコイイ」「さすが」

第5章

カベにぶつかったときには

３つのイメージレベルを自在に切り替える

　解決志向ブリーフセラピーという心理療法の中に「未来時間イメージレベル」という手法があります。これを知っていれば夢や目標への取り組みも、実現の可能性も変わるといわれています。お子さんを励まし、カベを越えてもらうため、この手法を利用してみましょう。

◆あなたはどのレベル？

　未来時間イメージレベルには３つのレベルがあります。

　レベル１ 「実現しなくてはいけない」という義務や必要で考えている

　これは、自分の内面の欲求に反しているため、いやいや行動することになり、成果が上がりにくくなります。夢実現や目標達成の可能性も低くなります。

　レベル２ 「実現したい。だけど無理かも」というあきらめの気持ちがある

　気持ちはあるものの、「無理かも」というあきらめの思いがじゃまをします。これでは行動しても成果が上がりません。可能性も低くなります。

レベル3 「きっと実現するに違いない」と確信している

　実現することを前提に、そのためにはどうすればいいのかと考えながら、行動に移していくことができるので、夢実現や目標達成の可能性が高まります。

◆毎日の生活でも使える

　私たちは、知らない間にレベル1やレベル2になってしまうことがありますが、じつは自分の意志でレベル3に何度でも切り替えていくことができるのです。

　これは毎日の生活の中でも使えます。お子さんの部活や受験でも、やりたいことを実現させるときでも、同じように使えます。

　お子さんはどのレベルで考えているのかをときどきいっしょに確認する時間を持ってみましょう。

　もしレベル1やレベル2になっていると気づいたら、「レベル3の『きっと実現するに違いない』に切り替えてみて」とお子さんに声をかけてあげてください。

落ち込んだときには「3つの問いかけ」

　何かがうまくいかなくて落ち込むことは誰にでもあると思います。うまくいかなかったことが本人にとって重要なことであればあるほど、落ち込む度合いは大きいのです。そんなときは、「3つの問いかけ」で気持ちを切り替えることができます。

◆問いかければ前向きに変わる

　① このできごとの中にもしもよかったことがあるとすれば、それは何かな？

　うまくいかないときは、ダメだったところばかりに目が向いています。ダメだったところに焦点を当てていては落ち込むばかりです。さりげなく問いかけながらよかったことをお子さんといっしょに探していきましょう。

　お子さんが見つけられないときは、「○○とかどうかな」というように親が見つけて伝えてみます。そうするとよかったこともあることに気づいて、落ち込んでいる心のエネルギーを少しずつ高めることができます。

　② もう一度同じようなチャンスがあったら、どこをど

う変えたい？

　この問いかけで、「次はどうしたいのか」という視点に切り替えながら、次への課題を見つけることができます。

③ そのために、今できることは何？

　②の問いかけで、「次はこうしたい」というイメージが湧いてきたら、それを実現するための具体的な行動を見つけていきましょう。何をすればいいのかがわかると、今すぐにでもそれに取り組みたくなります。気がついたら気持ちは前向きに変化しているでしょう。

　お子さんの気持ちに寄りそいながら、やさしく自然な感じで問いかけるのがポイントです。

◆うれしくなるような問いかけを見つける

　日常生活の中には、問いかけがあふれています。普段お子さんにどのような問いかけをされていますか？

・今日の晩御飯は肉と魚、どっちがいい？

・お茶とかコーヒーをいれようと思うけど、何か飲む？

・次の休みはどんなふうに過ごしたい？

　このような問いかけをされると、人はうれしくなります。

　これらは、問いかけられるとうれしくなるようなイメージがうかびます。しかも自分で選べるという前提で、愛情が伝わってくる問いかけだからです。

・宿題はちゃんとやったの？

・明日の準備はできている？

・次のテストのための勉強はやっているの？

　このように問いかけられると、追い詰められているような感じがして、いやな気持ちになります。これらの問いかけも子どものことを心配して愛情があるからこそなのですが、子どもはつらく感じることもあるのです。

　子どもが日々いい気分で過ごすためには、親自身が普段どのような問いかけをしているのかに気をつけ、意識して問いかけを選ぶ必要があります。

悩みを解決したいとき

　大人と同じように子どもにも悩みはあるものです。自分で考えてもなかなか解決策が見つからずに苦しい気持ちが続くことがあります。誰にもいえないような悩みでも、5つの質問を使って書きだしながら心を整理していくと解決方法を見つけることができます。

◆望む結果に近づくには

　悩んで考えても、頭の中で考えがまとまらず、なかなか解決できないこともあります。そんなときに役立つのが「5つの質問」です。

　自分自身に対し順番に次の5つの質問をして、その答えを書きだしてみます。すると頭の中が整理され、本当に求めている解決策を見つけだすことができるのです。

　ではやってみましょう。

① **解決したいことは何？**

　解決したい問題を1つ書きます。

② **本当はどうしたかった？**

　この質問を自分自身に問うことで、目先のことでは

なく、もっと深いところで自分が求めている「本当はどうしたかったのか」に気づくことができます。

③ 望む結果に近づくために今とは違う何ができるの？
他には？

このように自分自身に質問しながら、本当に望む結果に近づいていく策を3つ以上書きだします。3つ以上見つけることがポイントです。

④ その中のどの方法をやってみる？

出てきた解決策を1つずつ試しているところを頭の中で想像しながら、うまくいきそうな方法を書きだします。1つでも2つでも3つでも大丈夫です。もし全部うまくいかないような場合は、もう一度③の望む結果に近づく方法を3つ以上考えるところからやり直してみます。

⑤ 選んだ方法を試すと、未来はどのように変わるの？

選んだ方法を試しながら、未来の自分が望む結果を現実のものにしているところを想像し、書いてみましょう。

これらの5つの質問を使うことで考えを整理しながら、本当に求めているゴールに近づいていくことができます。

① 解決したいことは何?

> ずっとケンカが続いている友だちがいる

② 本当はどうしたかった?

> 早く仲直りしたい

③ 望む結果に近づくために今とは違う何ができるの?
（3つ以上考える）

> ・自分から「おはよう」という
> ・相手のよいところをほめてみる
> ・「ごめんね」とあやまる

④ その中のどの方法をやってみる?

> 「おはよう」というのを毎日続けてみる

⑤ 選んだ方法を試すと、未来はどのように変わるの?

> 相手も「おはよう」と返してくれるようになるかも
>
> 前よりもっと仲よくなれる

巻末付録141ページをご利用ください。

解決策が見つかるストーリーとは

　お子さんが悩んでいるとき、親は自分がいいと思う解決策をいいたくなります。でもそれでは、お子さん自らが解決しようとする機会を奪うことになります。自分で解決できるように「こんな方法もあるよ」と解決のヒントを提示してあげましょう。

◆主語はこうする

　この手法のコツは、主語を「三人称単数形」にすることと、「そして」でつなぐことです。

① **主語を「三人称単数形」にして表現する**

　男性であれば「彼は」、女性であれば「彼女は」で始まります。

　たとえば、「彼女は○○について悩んでいます」というように書きます。

② **「そして」という接続詞を使いながら文章をどんどん書き進めていく**

　使ってはいけないことばは、「しかし」と「けれども」です。「しかし」とか「けれども」が使いたく

なっても使わずに、必ず「そして」で接続しながら
文章を書き進めてください。

◆書き終えたときに

例

彼女は○○ということに悩んでいました。

そして、彼女は思いつく解決方法を全部書きだしてみることにしました。

そして、書きだした解決方法を上から全部やってみることにしました。

そして、いくつかの方法を試してみて、……

という感じで書いていきます。

すると、紙いっぱいにストーリーを書き終えたときには、その中に今まで気づいていなかった解決策やその解決策を行動に移すとどのようになるのかが描かれているのです。

それを読めば、何をすればいいのか、それをどう行動に移していくべきかがわかります。

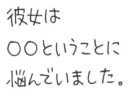
彼女は
〇〇ということに
悩んでいました。

そして
彼女は思いつく
解決方法を
全部書きだしてみる
ことにしました。

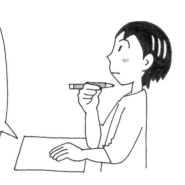
そして
いくつかの方法を
試してみて…

人づきあいの悩みごとをチャンスに変える

　大人も子どもも毎日の生活でさまざまなピンチが訪れます。「宿題を忘れた〜」「スマホが見当たらない！」などは解決策が見つかりますが、悩みのたねとなるのは、人づきあい。なかなか解決策が見つからず気分が滅入ることがあります。そんなときには「プラスのこころメガネ」を使って、できごとの中にチャンスを見つけていきましょう。

◆苦手な人がいても

　52〜55ページでは「プラスのこころメガネ」の利用方法をお伝えしました。同じようにプラスのこころメガネで目の前で起こったできごとを見ていくと、人づきあいの悩みごとやピンチでさえもチャンスに変えていくことができます。

　お子さんの学校生活で起こりそうな次のできごとは、どのようなチャンスにしていくことができるでしょうか？

　(a) 苦手な人がいる

　(b) 批判された

(c) 陰口をいわれた

(d) 口げんかになった

◆チャンスとしてとらえると

(a)の苦手な人がいることは、自分と違う価値観を知るチャンス、自分の性格を見直すチャンスと考えることもできます。

(b)の批判された、ということは何が相手の価値観と違ったのかを知るチャンス、自分の言動を見つめ直すチャンスととらえることもできます。

(c)の陰口をいわれたということは、自分の生活態度を見直すチャンスかもしれません。

(d)の口げんかになったということは、対立したときに冷静になるチャンス、話し方を見直すチャンスです。

どんな工夫や方法があるのかをもう一度見直してみましょう。

お子さんは、どんなピンチをチャンスに変えていくことができるでしょうか?

プラスのこころメガネでチャンスを見つけるメモ

いやなできごとやピンチ	プラスのこころメガネで見ると
クラスに苦手な友だちがいる	接し方を考えるチャンス 違う考え方を知るチャンス
友だちと口げんかになった	冷静になるチャンス 話し方を見直すチャンス 相手の話をよく聞くチャンス

巻末付録142ページをご利用ください。

子どもの強みを伸ばす10カ条⑨〜⑩

⑨ 目先の体裁よりも、長い目で見て子どもの人生にとって何が大切かと考える

⑩ 何が起きても感謝する

たとえありがたくないことが起きようとも、その中に感謝を見つける姿勢を子どもは見ている

第6章

夢をかなえる方法を試してみる

夢のリストを作ってみる

　夢をかなえたいと思っても、その方法ややり方が分からないと前に進めなくなります。しかし夢は「きっとかなうにちがいない」と思うと、希望ややる気が出てくるのですが、そう思える方法はあるのでしょうか。紙とペンがあれば簡単にできる方法があるのでお子さんといっしょにやってみましょう。

◆理由が大事

　かなえたい夢には、なぜそれをかなえたいかという理由があるものです。じつはこの「夢を実現させたい理由」こそが夢実現にとって大事なものなのです。

　たとえば、プロのサッカー選手になりたいという夢があるとします。その先にFIFAワールドカップに出場という夢があります。「サッカーでみんなを元気にしたい」という理由があるとしたら、それが夢実現に向けての大きな原動力になるはずです。

　その原動力をさらに大きくするために「夢リスト」を作ってみましょう。

◆いつでも見ることができるように

① **かなえたい夢を書きだす**

どんな夢でもいいので、思いつくままにできるだけ
たくさん書きだし、リストにします。

② **かなえたい理由を書きくわえる**

なぜかなえたいかという「夢を実現させたい理由」
をじっくり考え、①のリストに書きくわえます。

③ **いつでも目を通せるようにする**

書き上げたリストは手帳にはさんだり、撮影してス
マートフォンに保存したりして、いつでも見ること
ができるようにしておきます。

時間のあるときにこのリストを開いて、かなえたい夢と
その理由に目を通します。

このリストは他人には見せないようにお子さんに伝えま
しょう。

人に見せると、人からいわれたことが気になって気持ち
がなえてしまうからです。また他人から批判されて、夢を
あきらめてしまうかもしれないからです。

夢のリスト

かなえたい夢	かなえたい理由
プロサッカー選手になって、ワールドカップに出場する	サッカーでみんなを元気にしたいから
スポーツドクターになる	ケガをしたサッカー選手を治して希望を届けたいから

巻末付録143ページをご利用ください。

夢実現の確率があがるシート

　夢を実現するためには何から始めたらいいでしょうか？何をやったらいいかわからない、どう始めたらいいかわからない……そんな気持ちにこたえるシートがあるのです。書きこむことで、あなたのお子さんのやりたいことを実現させる道筋が見えてくるかもしれません。

◆ワクワクする計画名をつけてみる

　アメリカの子どもたちが活用しているのが、「夢が実現するワークシート」というものです。このワークシートの5つの質問に対して答えを書きこむことで夢を実現させる方法が見えてくるのです。

　ではこのワークシート使って、お子さんのやりたいことを探してみましょう。121ページの例を参考にしてやってみましょう。

1. 計画名は？

　夢実現のためのワクワクする計画名をつけてみましょう。

2. 実現した成功イメージは？

やりたいことを実現する取り組みがうまくいくと、どのような未来が待っているのかを想像して、イメージを具体的に書いてみます。

3. **自分にとっていいことは何？**

夢が実現すると、自分にとってどのようないいことが待っているのかを、想像しながら具体的に書きだしていきます。

4. **まわりの人にとっていいことは何？**

夢が実現すると、まわりの人にとってどのようないいことがあるのかを想像して書きだしてみます。

5. **具体的に何をするか**

夢を実現させるために実行すべきことを5つ以上書いて、何から始めればいいのかと順位をつけましょう。

◆計画表も作ってみる

ワークシートに記入したら、具体的にいつ、何をどれぐらいやればいいのかという計画表も作ってみましょう。そして行動に移していきます。

うまくいかないときは、何度でも見直して軌道修正していきましょう。夢実現に向かって前に進み続ければ、お子さんが望む夢を実現することができるでしょう。

夢が実現するワークシート

計画名

プロ野球の選手になってメジャーリーグに移籍し活躍する

実現した成功イメージ

- 全国高等学校野球選手権大会（甲子園）に出場。活躍し注目される
- あこがれの球団からドラフト1位指名される
- 入団1年目から活躍する
- メジャー移籍。WBC日本代表に選ばれ世界一になる

自分にとっていいことは何?

自分に自信がもてる　自分を誇りに思える

まわりの人にとっていいことは何?

母校が有名になって、親、先生、卒業生が喜ぶ
野球好きの子どもが増える

具体的に何をするか　　　　　優先順位

- 早朝ランニング　　　　　　　　（　　）
- ピッチング練習　　　　　　　　（　　）
- 素ぶり50本　　　　　　　　　　（　　）
- 　　　　　　　　　　　　　　　（　　）
- 　　　　　　　　　　　　　　　（　　）

巻末付録144ページをご利用ください。

未来の設計図を作ろう

　将来どのような道を歩んでいきたいかをイメージできているお子さんは少ないものです。また、一度描いた夢があったとしても、その夢が変わる場合もあります。夢はいくつあってもよく、いつ変わってもいいのです。

　夢を見つけ、その夢に向かってお子さんが力強く進める方法があります。それが未来の設計図なのです。いっしょに作ってみましょう。

◆紙とペンを使って

　望むことが実現していくところを想像すると、ときめきながら未来に向かって進むことができます。輝かしい未来をつくるために「未来の設計図」を描いてみましょう。

　これはお子さんが将来の方向性に迷ったときや悩んだときにも効果的です。

　紙と筆記用具を用意し、次の手順でやってみましょう。

① **1枚の紙の真ん中に円を描く**

　真上からスタートして、時計回りに一周回った真上がゴールというような矢印で円を描き入れます。

② 真上に予定寿命を書きこむ

100歳まで生きるとして、真上に100と書きます。

③ お子さんの今の年齢のあたりを、「●」でしるしを
つける

「●」から先は、お子さんの未来です。

④ 未来に実現したいことを考える

何でもかなうチケットが10枚あったとしたら、何歳
で何を実現したいかを考えます。思いついたものを
自由に10個考えてみましょう。

⑤ ④を何歳で実現するか、その年齢のところに書きこむ

⑥ **全部書きこんだら、タイトルをつける**

書きだした実現したいことをながめながら、小説の題名をつけるようにタイトルを考えてみましょう。
タイトルを①の円の真ん中に書きこめば、「未来の設計図」の完成です。

⑦ **「未来の設計図」を何度も見直す**

いつも見えるところに置いておき、何度もながめながら、未来を想像してみましょう。夢は進化するので、ときどき更新していくとよいでしょう。

◆何度もながめてみる

実現したいことが見つかって、それが実現するところを想像すると、努力することがとても楽しくなっていきます。迷いや悩みにとらわれることなく、毎日がごきげんで、やる気も高まっていきます。

迷ったときには何度でもこの「未来の設計図」をながめてみましょう。

この設計図は大人にも有効なので、ご自身でもやってみましょう。

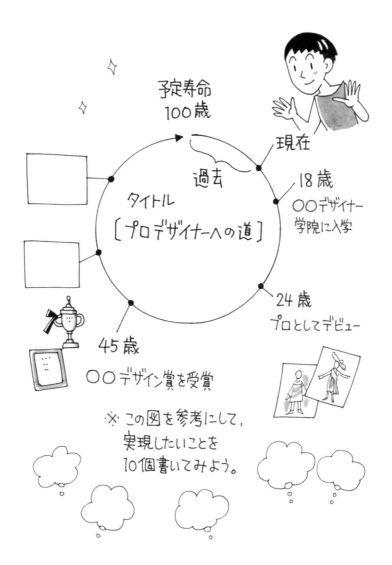

予定寿命
100歳

現在

過去

18歳
〇〇デザイナー
学院に入学

タイトル
[プロデザイナーへの道]

24歳
プロとしてデビュー

45歳
〇〇デザイン賞を受賞

※この図を参考にして、
実現したいことを
10個書いてみよう。

夢にたどりつく方法はこうして見つける

　お子さんの将来の夢が見つかったとき、その夢をかなえるための方法はどうやって見つけていけばいいのでしょうか。

　「ウェビングマップ」という手法を使えば、夢にたどりつくために何をすればいいのかが見えてきます。紙とペンがあればできるのでやってみましょう。

◆思いつくまま書いてみる

　「ウェビングマップ」は、マインドマップ、イメージマップともいわれ、なんとなく頭の中にあるアイデアを、書きだすことで見えるようにする手法です。頭の中のアイデアを整理するのにも役立ちます。

　大きめの紙か、画用紙、カレンダーの裏などを用意したら、まず紙のまん中に自分の夢を書いて丸で囲みます。

　次にその夢をかなえるために、何ができるのか思いついたことを書いて丸で囲みます。さらにそこからどうするか思いつくままどんどん書いて丸で囲み、線でつないでいきます（右ページのイラスト参照）。

思いつかなくなったら、真ん中の自分の夢にもどり、他にできることを考えて丸で囲み、線でつないでいきます。この手法を使うと、アイデアがどんどんうかんでくるので、129ページのように、真ん中の自分の夢を中心にいくつものアイデアが広がっていきます。頭の中にあるアイデアを全部書きだしていきましょう。

●紙いっぱいに書きだしたら

　紙いっぱいになるまで夢をかなえるためにできることを書きだしたら、それを見ながら整理していきます。
　それらをどのように、進めていくのか行動計画を立ててみましょう。

たとえば「小説家になる」という夢があるとしたら、その夢をかなえるために何ができるかを書きだしてみます。「図書館で小説を借りる」「好きな作家の本を読みまくる」「好きな作品の文章を暗記する」「自分でも小説の構成を考えてみる」「作品を書きためる」「小説のコンテストを調べる」「小説コンテストに応募する」などどんどん書きだし、丸で囲み、線でつないでいきます。

　書きだした紙をながめていると「図書館でできること」「実際に書いてみること」「必要な資料を購入すること」などに分類できます。

　すぐにでもできることや、順を追ってできること、夢実現までの道筋が見えてきます。そこまでできたら、いつやるのかという計画を立てていきましょう。

　毎週図書館に行って、小説を３冊ずつ借りることから始める。１カ月後には、書きたいストーリーを考えてみる。１年後の小説コンテストに応募してみるなどです。

　この手法でお子さんは夢に向かって進むための行動と道筋を見つけていくことができるのです。

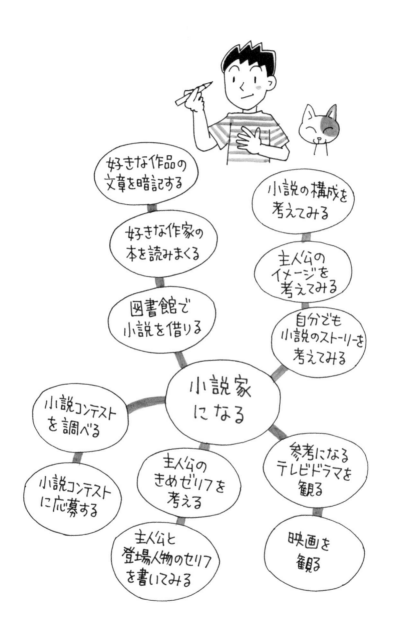

好きな作品の
文章を暗記する

好きな作家の
本を読みまくる

図書館で
小説を借りる

小説コンテスト
を調べる

小説コンテスト
に応募する

小説家
になる

小説の構成を
考えてみる

主人公の
イメージを
考えてみる

自分でも
小説のストーリーを
考えてみる

参考になる
テレビドラマを
観る

主人公の
きめゼリフを
考える

映画を
観る

主人公と
登場人物のセリフ
を書いてみる

おわりに

　最後までお読みいただきましてありがとうございました。

　私たちはできごとの認識の仕方に傾向があります。それはちょうど色メガネをかけて見ているようなもので、同じものでも人それぞれ違うように見えるメガネをかけているのと同じなのです。

　プラスの意味づけをするメガネを通して見れば、ありとあらゆるできごとのなかにプラスの意味を見つけることができます。困難な状況におかれても自分やまわりの人たちを励ましながら、前向きな気持ちでいられるでしょう。マイナスの意味づけをするメガネを通して見れば、すべてのできごとが悲観的に見えてつらくなってしまうのです。

　どのようなメガネをかけているのかは、本人でさえも気がついていないのです。だから本人たちにとっては自分に見えている世界が現実であると信じています。この見えないメガネは、子どもの頃につくられていくものです。

　私はすべての子どもと大人が、プラスの意味を見つけるメガネを持っていることを願っています。この先の人生でどんなことが起きようとも、そこに自分なりの意味を見つ

けながら乗りこえていく力を育てていきたいからです。そのためには、親子でこの本で紹介したメソッドを実践しながら、新しい見方や意味をたくさん手に入れてほしいと思っています。

　あなたとお子さんが自信を持って穏やかで満たされた時間を過ごせることを願っています。

　末筆になりましたが、私の心が折れかかっていたときに心理学という希望の光を届けてくださいました社会産業教育研究所の岡野嘉宏先生に心から感謝しています。

　さまざまなことを教えてくださいました鈴木信市先生、クリスティーナ・ホール先生、ロバート・ディルツ先生、佐藤伝先生、高野登先生、水谷隆先生、南誠先生に心から感謝しています。

　本書刊行にご尽力くださった編集企画シーエーティーと株式会社工パブリックの皆さんに心から感謝しています。

　毎日そばにいて、さまざまな気づきを与えてくれる家族や子どもたちに感謝しています。

　最後に、この本を読んでくださいましたあなたに、心からありがとう！

　　2023 年 5 月吉日　　　　　　　　　　　　加藤史子

おわりに

巻末付録

本文で紹介した書きこみシートです。コピーしてご利用ください。

プラスのこころメガネで見るメモ

短所	プラスのこころメガネで見ると

よいところメモ

よいところ	注意するところ

今日のいいこと （　　月　　日)

今日のいいこと （　　月　　日)

今日のいいこと （　　月　　日)

今日のいいこと （　　月　　日)

感謝のリスト

巻末付録

心を元気にする問いかけ

いいことにつながっていくメモ

① 夢や目標の実現に取り組むと、自分やまわりの人にとってどんないいことにつながっていくか?

② 夢や目標実現のために努力をすると、自分やまわりの人にとってどんないいことにつながっていくか?

③ 夢や目標が実現すると、自分やまわりの人にとってどんないいことにつながっていくか?

④ この夢や目標を実現するために、できることは何か?

巻末付録

9マス日記

実現したいことは？	夢の実現のために 今日、何をする？	今日、やりたいことは？
健康のために今日、 何をする？	年　月　日（　　） 天気：	友だちとの関係を よくするために今日、 何をする？
今日のよかったこと	今日の気づきや学びは？	明日への課題は？

① 解決したいことは何?

② 本当はどうしたかった?

③ 望む結果に近づくために今とは違う何ができるの?
   (3つ以上考える)

④ その中のどの方法をやってみる?

⑤ 選んだ方法を試すと、未来はどのように変わるの?

プラスのこころメガネでチャンスを見つけるメモ

いやなできごとやピンチ	プラスのこころメガネで見ると

夢のリスト

かなえたい夢	かなえたい理由

巻末付録

夢が実現するワークシート

計画名

```
┌─────────────────────────────────────┐
│                                     │
│                                     │
│                                     │
└─────────────────────────────────────┘
```

実現した成功イメージ

```
┌─────────────────────────────────────┐
│                                     │
│                                     │
│                                     │
│                                     │
│                                     │
│                                     │
└─────────────────────────────────────┘
```

自分にとっていいことは何?

```
┌─────────────────────────────────────┐
│                                     │
│                                     │
│                                     │
└─────────────────────────────────────┘
```

まわりの人にとっていいことは何?

```
┌─────────────────────────────────────┐
│                                     │
│                                     │
│                                     │
│                                     │
└─────────────────────────────────────┘
```

具体的に何をするか　　　　　　　　**優先順位**

- 　　　　　　　　　　　　　　　(　)
- 　　　　　　　　　　　　　　　(　)
- 　　　　　　　　　　　　　　　(　)
- 　　　　　　　　　　　　　　　(　)
- 　　　　　　　　　　　　　　　(　)

【参考文献】

佐藤伝『夢をかなえる９マス日記』 ソフトバンククリエイティブ

加藤史子『メンタルトレーナーから学ぼう 書いてスッキリ 心が元気になる方法　①心や感情のしくみを知ろう』くもん出版

加藤史子『メンタルトレーナーから学ぼう 書いてスッキリ 心が元気になる方法　②友だち関係がよくなる技』くもん出版

加藤史子『メンタルトレーナーから学ぼう 書いてスッキリ 心が元気になる方法　③夢をかなえる方法』くもん出版

【著者紹介】

加藤史子（かとう ふみこ）

子どもたちの夢の実現を応援するメンタルトレーナーとして全国の学校を回って講演活動を行う。テーマは「夢が実現する心のあり方」「子どもたちの心のケア」「感情のコントロール方法」など。スポーツ選手向けのメンタルトレーニングも行う。

著書は『書いてスッキリ心が元気になる方法』（くもん出版）、『メンタルトレーニングで部活が変わる』（図書文化社）など多数。

公式HP：こころ元気ネット https://www.kokoro-genki.net/

YouTube チャンネル：ココ晴れチャンネル

https://www.youtube.com/@user-oz6qz9rn1e

書いてグングン 子どもの「強み」を伸ばすハートの子育て

2023年6月18日　　初版第1刷発行

著　者——加藤史子

発行者——工藤裕樹

発行所——株式会社工パブリック

　　　　　〒174-0063 東京都板橋区前野町4丁目40番18号

　　　　　TEL 03-5918-7940　　FAX 03-5918-7941

DTP・図版作成……株式会社工企画（江畠健一）

ブックデザイン・本文デザイン……デザインルーム ナークツイン

カバー・本文イラスト……ふるはしひろみ

編集協力……編集企画シーエーティー

印　　刷……株式会社シナノ

製　　本……株式会社セイコーバインダリー

ISBN 978-4-9911581-7-9

自由メモ

自由メモ